Taudinkuva
ja muuta pientä

Henrik Pathirane

LYHYTTAVARA

seis
mistä

valve
utua

al tavasta ajasta

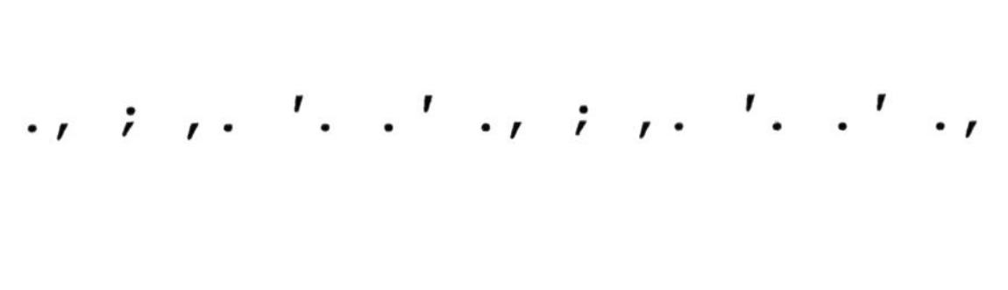

tuo
vien

        kuiva
        kasta

                lasken
                nosta

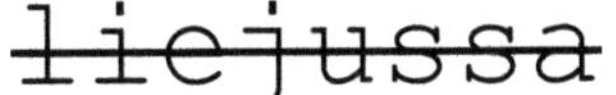

aikamatka
aikomatta
alkumatka
alkamatta

velalla

valella

valalle

Taudinkuva

¤ §

havısı

havısı

. . .   .

me

palaam

es   te

et   tä

no   en

ne   on

huo uo uo uo uo uo uo uo jun

j u o
    k
    s
    e
    n
    t
    e
    l
    u

kaikuista

ra

ta

va

                pa
          ta pa ta
      ka sa ta sa na
          ta pa ta
                pa

et   en

e

te   ne

ka   ma

la   na

ett
ett
e
te
tee

et
en
emme

et
ei
se
en

et
iäinen

et   &
elä   elät

k
a
n
s
a l a i n e n

pääilmansuuta

syyt

   tömistä

nyt kähti

varoväistä

väära

n   u

ri   n .

näen

näin

en

suo
mustan

syvän
teen

juurrut
ellen

verkosto
idut

maa
tumasta

                    suo
                    riutui

soi
maamme

nuo
tein

                    o

a u r i n n a k u

                    g

                    s

                    l

O

K T A M

U

U

Kustantaja
BoD — Books on Demand, Helsinki, Suomi

Valmistaja
BoD — Books on Demand, Norderstedt,
Saksa

Julkaisija
Lyhyttavara
Helsinki, Suomi
2019

ISBN 978-952-80-0810-1

Toinen painos

humahdus.org/henrik